AF245440

L'Arbitrage International

EST

CONTRAIRE A NOS MŒURS

Par P. MABILLE

PROFESSEUR HONORAIRE DE PHILOSOPHIE
DOCTEUR ÈS LETTRES
MEMBRE DE L'ACADÉMIE DE DIJON

Corrigez d'abord les mœurs

SOMMAIRE

Librairie E. NOURRY

PARIS   DIJON

11. Rue des Saints-Pères   10. Place Saint-Etienne

1902

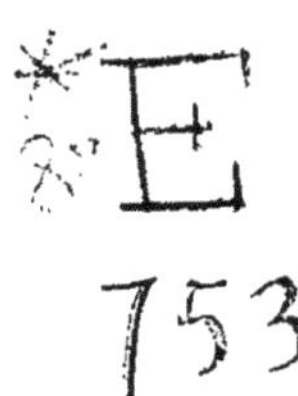

PRÉFACE

Il nous semble que des diplomates et des économistes
ne disposent pas, malgré leur talent, d'une autorité suffisante pour gagner une cause aussi belle que celle de
l'arbitrage international. Cela exigerait l'âme d'un
apôtre, âme forte et patiente, prête à braver le ridicule et
à donner sa vie pour son idée. Il n'y a pas d'exemple dans
l'histoire qu'un progrès aussi considérable que celui de la
pacification universelle ait été tranquillement réalisé. On
ne décrète pas la fraternité humaine.

De petites notices sur la paix ne remueront pas les
peuples. Les grands promoteurs d'idées nouvelles ne
triomphent que par la prison et le martyre. La vérité
sociale veut encore du sang.

C'est que l'origine de la guerre est profonde et naturelle;
elle se trouve dans l'intimité même du cœur de l'homme.
En dehors de notre intérêt, nous ne sommes sociables
que par accès et par élans vite arrêtés ; à côté de la sym-
pathie bienveillante et malgré l'impérieux besoin que
nous avons de nos semblables, subsiste en nous un germe
vivace de haine et d'opposition. Peu nombreux sont les
bienfaiteurs de l'humanité. La volonté de nuire nous est
inhérente à l'état primitif. L'homme n'est pas l'ami de
l'homme, il en est le rival, même dans la famille. Si

l'homme était plus sociable, l'ingratitude serait moins fréquente, l'amitié serait moins rare ; les races ne lutteraient plus entre elles ; une communauté fraternelle unirait depuis longtemps toutes les nations de l'univers

Dès lors, la guerre concorde trop avec les dispositions actuelles des masses populaires. L'adoucissement des mœurs et le respect spontané du droit n'y apparaissent pas assez nettement. L'éducation du peuple est encore à faire sur ce point : il goûte trop la Marseillaise ; il acclame trop le soldat vainqueur ; il dédaigne trop le soldat vaincu.

Où donc est en effet l'orientation vers la paix ? Pour qu'elle règne et triomphe enfin des instincts belliqueux, il est nécessaire que le mouvement parte d'une population exclusivement vouée aux travaux de la paix et ne voulant vivre que de ces travaux ; et il faut que l'ensemble des nations pacifiques représente le grand nombre afin d'imposer ainsi la paix par le prestige moral de la majorité ; car disposer les peuples à la conciliation par la crainte d'armées menaçantes ou par la pratique effective des hostilités, c'est tourner le dos au but poursuivi. Or, l'Europe a trop peu de population ; elle fait trop souvent la guerre et partout pour appliquer sincèrement l'arbitrage international et pour avoir le droit de le proposer efficacement sur un différend grave à des populations aussi denses que celles de la Chine, des Etats-Unis d'Amérique et de l'Afrique.

Une race n'en domine une autre que si elle est meilleure et plus parfaite. Mais, chose étonnante ! c'est dans le continent le plus civilisé, où brillent les lettres et les sciences, que l'armement est formidable et qu'on parle avec le plus de conviction d'arbitrage et de paix : double ironie, double inconséquence.

On désire donc la disparition de la guerre comme on aspire au bonheur, par vague instinct et par ignorance. « La guerre est le phénomène le plus sublime de notre vie morale, dit Proudhon. C'est la guerre qui, dans les harmonies de la nature et de l'humanité, donne la note la plus puissante. Elle est l'expression la plus incorruptible de notre conscience, l'acte qui en définitive et malgré l'influence impure qui s'y mêle, nous honore le plus devant la création et devant l'Eternel. » Elle repose sur ce principe reconnu : faites contre moi tout ce que vous pourrez, et moi de mon côté j'agirai de même contre vous (1). La loyauté est donc ici observée. Au contraire dans la vie civile, en pleine paix, l'injustice. si fréquente hélas ! est toujours une trahison. toujours une surprise douloureuse pour la victime.

Mais enfin notre terre, quand nous l'aurons couverte de cités où le sang humain ne sera jamais versé par une main criminelle, sera-t-elle plus heureuse ? Non. car le bonheur ne résulte pas des mœurs publiques ; il est notre œuvre personnelle ; sera-t-elle meilleure et plus belle ? C'est incertain, car, si la guerre semble être un crime de lèse-humanité, cependant une civilisation que ne rehausserait pas le sacrifice suprême de la vie serait impuissante et indigne d'être aimée. Si Socrate en effet ne boit pas la ciguë, Athènes aura manqué d'un sage pour réfuter les

---

(1) Pufendorf, *Droit de la nature et des gens*, III, livre VIII, chapitre VI § 7.

sophistes et braver les tyrans ; si le Christ ne meurt pas sur la croix, le genre humain perd son rédempteur ; si la révolution française s'accomplit sans effusion de sang, elle ne fonde pas le droit moderne La voix du sang versé est éloquente et persuasive ; elle se propage à travers les âges, redite par les échos les plus lointains. Notre rôle supérieur est de servir l'humanité, car l'individu passe, mais l'espèce humaine reste ; elle est indestructible Un peuple généreux vit donc non seulement de la vie, mais de la mort, de la mort de ceux qui se dévouèrent un jour pour son honneur, pour l'intégrité de son territoire ou le progrès de sa civilisation. Ils sont morts, mais leur patrie ne meurt pas Elle vit sauvée par leur sacrifice ; elle vit pour célébrer leur gloire et proposer leur exemple aux arrière-neveux (1).

Ah ! que nous sommes loin de la pacification générale ! Nous ne pouvons même pas nous la représenter clairement, en imaginant le genre de vie que mèneront alors les hommes : Quoi ! plus d'armées permanentes ni en Europe, ni en Asie ! Plus d'impérialisme menaçant en Angleterre, en Allemagne, en Russie, aux États-Unis d'Amérique et en Chine ! Plus de séditions (2), ni de dif-

---

(1) Notre race comprend aujourd'hui un peu plus d'un milliard et demi d'hommes. On a calculé que 37 quatrillions d'hommes sont déjà nés et sont morts sur notre terre. Leurs poussières mélangées et confondues entretiennent la vie de leurs descendants. Ainsi se succèdent les générations ; ainsi passent nos joies et nos douleurs, tandis que l'espèce humaine poursuit le cours de ses immortelles destinées.

(2) En avril 1902, graves séditions en Russie et en Belgique. On inscrivit sur la tombe des victimes tuées à Bruxelles et à Louvain : morts pour le suffrage universel. On ne conquiert la vérité sociale qu'avec du sang.

férends graves sur l'honneur, sur l'influence prépondérante d'un peuple ! Quel beau rêve ! Mais comme il suppose
nos mœurs plus policées, plus spontanément respectueuses
du droit qu'elles ne le sont à l'aurore du vingtième
siècle !

Car encore aujourd'hui l'histoire des peuples est faite
des contrastes douloureux du droit qui proteste et de la
victoire qui l'opprime; aujourd'hui encore la vertu brille
surtout quand sévit l'injustice, et sur le théâtre pas de
drame intéressant si l'honnêteté y règne partout. De même
enlevez à Achille son caractère indomptable et son implacable colère et vous n'aurez ni Achille ni l'Iliade. Sup-
primez enfin l'astuce et la soif insatiable de dominer,
ainsi que la trahison, les amours coupables, les haines
nationales, le destin cruel et vous rendrez impossibles la
vertu, l'art et l'histoire. Jeanne d'Arc serait moins célèbre
si elle avait doucement terminé ses jours dans la richesse
et les honneurs. Le bûcher fit son héroïsme. Waterloo et
Ste Hélène n'ont pas nui à la gloire de Napoléon. Le dé-
puté Baudin ne nous est connu que parce qu'en 1851 il
mourut sur les barricades pour vingt cinq francs. Ceux
qui rêvent une civilisation sans secousse, sans horreurs,
une paix immobile, ignorent et l'art et la vertu et les
conditions actuelles de la vie sociale.

L'ARBITRAGE INTERNATIONAL

est contraire à nos mœurs

I

Stérilité des vœux des Sociétés de la Paix.

S'il est vrai que les xviiie et xixe siècles aient commencé et fini dans le sang (1), toutefois, des perspectives de paix apparaissent au seuil du vingtième siècle . Renoncerons-nous à l'héritage de haines que nous ont légué nos ancêtres ? L'homme arrivera-t-il enfin à ne plus verser le sang de l'homme ? On le croirait, tant les idées d'arbitrage deviennent populaires, tant

---

(1) Le xviiie siècle commença par la guerre de la succession d'Espagne sous Louis XIV et se termina par les guerres de la République et du Consulat. Le xixe siècle a débuté par les guerres de l'Empire et vient de finir par les expéditions contre le Transvaal et la Chine. Et maintenant peut-être la Serbie prépare-t-elle dans les Balkans la guerre qui sera le signal de l'embrasement de l'Europe.

sont nombreuses les sociétés de la paix. Les théories des philosophes ont presque pénétré dans la foule : ce débat n'est plus en effet celui de l'abbé de Saint-Pierre, ni celui de Kant; c'est le débat de tout le monde : l'arbitrage international est la question à la mode, la question qu'impose fatalement la paix armée que nous subissons depuis trente ans.

Le manifeste du Tzar a fait avancer d'un grand pas cette noble cause de la pacification des peuples : on a créé à La Haye, en mai 1899, une procédure internationale, incomplète il est vrai, puisque l'obligation de recourir à l'arbitrage y fait encore défaut; mais par une active propagande on s'efforce d'éclairer l'opinion publique afin d'imposer cette obligation aux chefs de gouvernement. On voit clairement en effet par les causes de la guerre Sud-Africaine en 1899, que le recours à la violence n'est pas une nécessité absolue et qu'il n'est pas toujours dicté par les besoins de la lutte pour l'existence. Les événements de Chine en 1900 nous montrent de même que la guerre fait retourner l'individu à l'état barbare ; aussi l'horreur qu'elle inspire gagne-t-elle des adhérents à l'arbitrage international. On constate (1) également non sans effroi

---

(1) Le colonel Bircher, d'Aarau (Suisse) l'a montré à l'aide d'une collection d'armes à l'exposition de 1900.

la progression des effets meurtriers des armes
de guerre depuis les anciens temps jusqu'à nos
jours.

Enfin on a signalé l'accroissement des effec-
tifs et des dépenses militaires en Europe de
1869 à 1900 : les armées permanentes épuisent
les peuples en enlevant chaque année à l'agriculture près de trois millions de citoyens en
Europe. Aussi « l'œuvre de la pacification est
elle sans doute inachevée. dit M. Frédéric Passy.
mais elle est destinée à devenir la loi des nations, à diriger la politique internationale dans
la voie de la sagesse et de la justice. »

II

L'arbitrage international est cependant contraire à nos mœurs.

Mais les vœux des sociétés de la paix concor-
dent-ils avec les mœurs actuelles de l'Europe ?
Il nous semble qu'accéder à ces vœux serait une
dangereuse imprévoyance. Il importe que l'armée
prenne conscience du rôle tutélaire que la République confie à son dévouement. Car l'impérialisme est encore la passion des races vigou-
reuses, des Anglais, des Allemands. des Russes
et il est au moins étrange qu'on parle tant de
conciliation et de paix, alors que chaque Etat

« civilisé » ressemble presque à un camp retranché, alors que se créent sans cesse de nouveaux engins et des explosifs de plus en plus meurtriers.

Nous voudrions dès lors élever ce débat en observant sincèrement l'ensemble de nos mœurs, en nous assurant si déjà les peuples pratiquent eux-mêmes l'arbitrage, car c'est du peuple et non de la diplomatie que doit partir ce mouvement en faveur d'un progrès social qui intéresse tout le monde.

§ 1er. A une époque où la *peine de mort* est encore inscrite dans les codes et acceptée par les légistes comme un châtiment nécessaire, la guerre ne peut disparaître. En effet tout se proportionne dans les mœurs des nations Quand. dans un état social, la vie est dure, pauvre, exposée aux privations et aux périls, la justice exige que les lois édictent des peines également dures et même cruelles ; autrement elles paraîtraient trop légères à des hommes habitués à de rudes labeurs et à des fatigues continuelles ; elles ne seraient pas senties ; elles ne puniraient pas. Plus les mœurs s'adoucissent par suite du bien-être général, plus aussi la clémence est un devoir.

Aussi l'assassin, pour être puni réellement, doit-il seulement être mis dans une situation inférieure, quant au bonheur, à celle de ceux qui sont les plus malheureux sans être coupables. L'emprisonnement perpétuel et même à temps sera pour un assassin un châtiment suffisant et dès lors seul il sera légitime le jour où cette peine le rendra le plus malheureux des hommes.

Telle est la grande *loi des peines et des supplices* dans les sociétés humaines. Appliquons-la à la guerre.

De même que la peine de mort puise sa légitimité relative dans le milieu social, de même aujourd'hui la guerre est équitable parce qu'elle proportionne successivement ses rigueurs à la sévérité même des lois en vigueur et pour cette raison elle demeure actuellement inévitable. Car, quand un grave différend surgit entre deux nations, chacune d'elles est exposée à un péril imminent et à la perte soit de son honneur, soit d'une province, soit de son indépendance. Comment dès lors admettre que la peine de mort serait légalement infligée à un criminel, qu'elle serait acceptée comme juste par l'opinion publique et souvent par le coupable, tandis que la guerre déclarée, crime le plus grave, puisqu'on attaque *tous* les citoyens d'une nation, n'aboutirait pas à l'effusion du sang? Un assassin n'a fait périr qu'un seul citoyen ; il n'a point par cet acte unique mis l'Etat en péril ; cependant il paye de sa vie l'accomplissement de ce forfait ; on lui applique, non sans raison, la loi même qu'a subie sa victime innocente. Son exécution est un drame légal auquel assiste une foule impatiente et avide de sang. Et quand une agression hostile jette le trouble dans un Etat, quand la menace atteint la vie, les biens et l'honneur de tous les citoyens, on n'infligerait pas aux ennemis publics la peine dont on frappe l'ennemi d'un seul ! Les mœurs des hommes ne manquent pas de logique à ce point. Maintenir dans les codes la peine capitale, c'est expliquer d'avance la guerre, c'est la justifier ; elle devient ainsi conforme à la justice distributive.

§ 2. Et il n'est pas proche le temps où cette peine sera abandonnée ; il est si éloigné que le *duel* continue encore à s'imposer comme le seul moyen apparent d'échapper au déshonneur. Inconnu des Grecs et des Romains, dernier vestige de l'invasion des Normands, il est devenu une mode aristocratique à l'usage des membres de la classe dirigeante. Autrefois aux XVIIe et XVIIIe siècles, les nobles seuls se battaient en duel ; aujourd'hui ce sont les bourgeois qui pleins d'orgueil et se croyant supérieurs au peuple, dédaignent la vindicte officielle des lois et rougiraient de remettre entre les mains des juges ordinaires la protection de leur dignité offensée (1). Et de fait ils seraient disqualifiés, déshonorés et chassés de leurs cercles, s'ils avaient refusé de se battre : à une injure on répond par le sang ! Et ces bourgeois se prétendent affranchis de tout préjugé : ils se disent amis de l'égalité. Cette coutume a même pris un caractère officiel quand, pour défendre la République, M. Floquet se battit en duel avec le général Boulanger, car le président Carnot, homme intègre certainement, écrivit une lettre de remerciement à M. Floquet. Et l'on voudrait que les peuples ne tentent pas la fortune des combats quand leur indépendance est menacée ou leur honneur avili !

§ 3. Considérons en troisième lieu ces nombreuses *sociétés secrètes* dont les manœuvres souterraines ne tendent qu'à un but, celui de tout détruire ; osera-t-on soutenir que par suite de leurs ramifications à travers tant de pays, elles ne constituent pas la permanence de l'état de guerre, même au milieu d'une paix apparente ? N'y recourt-on pas à des procédés plus terribles que ceux admis par la science militaire ? On n'a jamais parlé d'arbitrage parmi les

---

(1) Le duel entre militaires est toutefois excusable vu qu'il concorde avec le caractère du soldat et le but même de l'armée.

révolutionnaires : leurs intentions audacieuse-
ment proclamées, sont d'anéantir toutes nos institutions pour constituer sur ces ruines et à
leur profit, la vie sociale telle qu'ils la
rêvent.

§ 4. La guerre internationale concorde aussi
par sa ressemblance avec la *guerre civile*, toujours menaçante dans tous les Etats. guerre
fort difficile à éviter et qui certes n'admet ni
transaction. ni arbitrage. Aristote, St-Thomas,
La Boétie et Robespierre (1) admettent même
le *droit de révolte* quand la tyrannie opprime
une nation. Comment le peuple s'affranchira-t-
il d'un gouvernement détesté s'il n'engage pas
avec lui une lutte sanglante? Un coup de force
est ici nécessaire. Aurait-on pu procéder à un
arbitrage en 1830, en 1848, en 1870, en 1871 ?
Y a-t-on même pensé ? Considérons en effet les
récentes révoltes populaires en Europe et de-
mandons-nous si aucune d'elles aurait pu être

---

(1) Voir la *Politique* d'Aristote. — St-Thomas va
jusqu'à dire que c'est le tyran qui est séditieux. Il veut
que tous aient quelque part au gouvernement. « ut omnes
aliquam partem habeant in principatu » ; *Somme*, 2⁰
part. II. — Voir aussi la *Servitude volontaire* de La Boétie — Enfin Robespierre a poussé l'individualisme jusqu'à admettre le droit à l'insurrection dans sa Constitution de juin 1793.

apaisée par la sentence d'un tribunal : l'insurrection du 10 août 1792, les massacres de septembre, la révolution de 1830, puis celle de 1848 qui fut suivie de faits connexes dans tous les Etats de l'Europe : les journées de juin en France, l'empereur d'Autriche chassé de Vienne et réfugié à Olmutz ; la Bohême révoltée puis vaincue ; la Hongrie victorieuse d'abord, battue ensuite par les Autrichiens et les Russes à Témesvar ; Radetzki chassé de Milan ; la république proclamée à Venise par Manin ; Charles-Albert écrasé à Custozza par l'Autriche ; Pie IX retiré à Gaëte et rétabli par la France ; Bade, la Hesse-Darmstadt, la Hesse électorale, le duché de Nassau, la Prusse rhénane, la Bavière en proie à l'insurrection ; la Valachie réduisant son hospodar Georges Bibesco à l'abdication ; les duchés de Holstein, de Lauenbourg et de Sleswig soutenus par la Prusse, mais plusieurs fois vaincus par le Danemark ; enfin en 1871 la commune de Paris s'emparant du pouvoir en présence de l'ennemi vainqueur et incendiant la capitale au moment de succomber sous l'armée nationale, tous ces faits nous montrent que les mœurs européennes ne l'emportent que fort peu en douceur sur celles des peuples anciens : un arbitrage ne serait pas respecté ; l'homme craint trop encore l'aspect de l'homme On est ainsi instruit du peu de valeur scientifique qu'ont les rêveries des amis de la pacification générale ; dans leur ignorance des lois physiques et morales d'êtres tous nés autant de la guerre que de l'amour, ils ne voient pas que la guerre ou la lutte pour l'existence sont une nécessité imposée par le destin : en dehors de son intérêt, l'homme n'est sociable que par accès et par élans vite arrêtés. La persistance des haines de races, des oppositions politiques et religieuses, ainsi que l'entretien si coûteux et si nécessaire en Europe d'armées permanentes confirment ces remarques : on dirait un incendie qui couve, toujours menaçant, jamais éteint.

Pour espérer la perpétuité de la paix, on ne s'appuie pas sur des indices assez probants ; on méconnaît la logique des faits sociaux contemporains : au milieu de tant de haines intestines dont nos sociétés « civilisées » sont l'origine et le théâtre, la guerre est et sera longtemps encore non seulement conforme à la moyenne de notre moralité, mais de plus elle varie selon le degré de cette moralité même, et surtout elle est encore une puissante et nécessaire dérivation pour toutes les inimitiés qui se heurtent et se pourchassent ; elle est la *crise finale* qui, pour un temps, rétablit le calme et diminue le nombre de ceux qui se haïssent et qui consomment.

§ 5. Et qui consomment, ai-je dit, car l'*insuf-*

fisance des vivres sur notre terre ne nous présage ni le bonheur, ni la paix; les campagnes sont désertées: l'agriculture, vu le labeur qu'elle impose, est délaissée : en Chine seulement elle obtient les honneurs qu'elle mérite. Et cependant l'humanité est exposée sur plus d'un continent à mourir de faim dans un délai assez rapproché, situation qui provoquerait une guerre inévitable et des massacres sommaires, à moins que la science ne nous fournisse d'ici là un nouvel aliment. On y travaille : le professeur Lilienfeld de Vienne a déjà réussi à extraire l'albumine du goudron; or l'albumine est une combinaison de carbone, d'hydrogène, d'azote et d'oxygène, éléments qui constituent la trame de notre chair. Mais la banqueroute du pain devient menaçante. Consommateur de premier ordre, l'Européen est un producteur médiocre et fort coûteux : en Asie et en Afrique le travailleur est plus sobre et moins exigeant. La race blanche court le risque de perdre sa prépondérance et d'être absorbée par les races chez lesquelles le pain de froment n'est pas la base de la vie. Nous ne renouvelons pas suffisamment la provision d'azote que la nature fournit aux races animales. Et néanmoins la population s'accroît ainsi que la consommation de l'aliment essentiel. De là une sorte de nécessité douloureuse d'arrêter par la guerre l'essor de la population : viendra le temps où notre alimentation constituera un problème social, si la science n'y obvie Ah ! que nous sommes éloignés de cette pacification universelle, qui exigerait non seulement le *pain assuré,* non seulement l'*égalité* la plus exacte entre les citoyens, mais la disparition des tendances égoïstes, celles surtout du *désir d'exccllence* et du *désir de libre action,* d'où naissent tant d'ardeurs rivales, tant d'inimitiés incurables. Quand ces trois conditions seront-elles remplies ?

§ 6. Et l'Europe est-elle qualifiée pour s'adjuger le droit de « civiliser » les autres peuples et de les regarder ainsi comme des barbares ?

Jadis, les Grecs crurent aussi que seuls ils étaient civilisés. Alexandre le Grand dans sa lettre officielle à Darius. traita les Perses de barbares, et cela à l'époque où précisément la gloire de la Grèce allait s'éclipser pour toujours. Chaque peuple a la civilisation que lui imposent son âge, son génie national et le milieu où elle s'épanouit. Il y a quatre cents ans. l'Europe était à peu près barbare D'ailleurs on sait comment les Anglais, comment les Français civilisent les autres peuples.

Pourquoi en effet les souverains d'Europe se sont-ils en 1877, par le traité de Berlin, adjugé à chacun sa part dans la conquête de l'Afrique ?

Y procède-t-on pacifiquement et par arbitrage ?
N'est-ce que pour favoriser le commerce qu'on
s'empare de grands territoires ? Nul différend,
nulle question litigieuse ne s'était posée entre la
France d'une part et d'autre part la Tunisie, le
Tonkin, le Dahomey et Madagascar ; on leur a
cependant déclaré la guerre, poussé par le désir
d'excellence et l'esprit de conquête. On est venu
en ennemi dans ces contrées ; on les a subju-
guées par le fer et par le feu ; on leur a imposé
la domination étrangère. D'arbitrage, pas un mot.
L'Angleterre, l'Allemagne, la Russie ont procédé
de même. Certainement nous devons paraître aux
peuples ainsi vaincus de médiocres civilisateurs.
C'est encore le droit de la force qui l'emporte.
Nous agissons donc comme d'excellents disci-
ples de Machiavel qui déclarait les bonnes armes
supérieures aux bonnes lois.

L'Europe a-t-elle bien le droit d'imposer l'obligation de l'arbitrage, alors que pour « civiliser »
l'Afrique, elles fait aux rois nègres des guerres
qui ne sont fondées que sur l'ambition et la
conquête. L'Europe s'est partagé l'Afrique comme
une proie immense dont chacun prend sa part.
Elle a rétabli contre des peuples enfants le droit
antique de la guerre avec toutes ses duretés im-
placables. Les coups de fusil, de canon et de
matraque jouent dans cette œuvre néfaste le rôle
que le commerce, les relations pacifiques et l'ar-

bitrage eussent dû remplir. Le dix-neuvième siècle n'aura pas vu un Lascasas s'indigner contre les violences commises en Australie et en Afrique par les Européens. Les Espagnols avaient, de 1492 à 1532 exterminé les 300 mille indigènes de Cuba que Colomb y avait trouvés en débarquant. Les Anglais ont de même anéanti les Tasmaniens noirs de l'Australie. En 1815 ils étaient encore cinq mille. Mais dès 1804 la chasse aux « corneilles noires » faisait la distraction des colons anglais ; la loi trop clémente ne punissait alors que du fouet l'Européen qui coupait le nez ou les oreilles à un nègre ou lui enlevait le petit doigt pour s'en faire un bourre-pipe. Après 1815 la chasse à courre contre les sauvages s'étendit avec frénésie ; tous les civilisateurs de l'île y prenaient part accompagnés de dogues et tuant pour tuer. L'un abattait un sauvage pour le livrer aux chiens, l'autre pour le voir tomber d'un rocher, d'une berge, d'une branche d'arbre ; un autre jetait l'infortuné dans les tisons du foyer qui le réchauffait ; tel autre offrait au malheureux nègre une bouteille d'eau-de-vie empoisonnée. Bientôt le pouvoir colonial lui-même fit cause commune avec les tueurs. A la fin de 1833 plus de trois mille Anglais. bénis par un prêtre anglican, Lascasas nouveau genre, dirigèrent une expédition contre les derniers Tasmaniens noirs. A partir de cette époque on

déporta les débris de cette nation plus que déci-
mée dans la petite île de Bruni. Les Anglais
eussent agi de même envers le Transwaal en
1899, si ce peuple courageux ne leur eût opposé
une résistance habile et opiniâtre.

En Afrique, mêmes violences des prétendus
civilisateurs, car les peuples enfants qui l'ha-
bitent sont en vain protégés par leurs marais,
par leur climat brûlant, par les embûches de la
forêt contre la furie et la cupidité des planteurs,
contre les faiseurs de razzias et les entrepreneurs
en eunuques, vu qu'il faut aux Européens des
Tropiques de solides esclaves pour le coton, la
canne à sucre, les mines et le café. L'Afrique
perd ainsi environ trois cent cinquante mille de
ses enfants en une année. Et, chose plus triste
à dire, les trois quarts périssent vite des bles-
sures reçues dans la razzia, des traitements
barbares et de la fièvre ; leurs odieux conduc-
teurs leur font traverser le sable brûlant du
désert ; la femme est liée à l'homme par un car-
can placé au cou ; l'enfant suit attaché par une
chaîne de fer ; la femme porte une cruche d'eau
et son nouveau-né, triste caravane dont le spectacle réduirait au silence les naïfs qui croient à
la réalisation d'un grand progrès moral parmi les
hommes.

§ 7. Signalons encore un indice qui, sans être

décisif, nous mettra cependant sur la voie. Ainsi un peuple désire-t-il sincèrement la paix universelle quand, à toute cérémonie publique et même privée, à un banquet officiel, à une distribution de prix, à un comice agricole, on fait entendre les airs guerriers de la Marseillaise, ce défi jeté autrefois par la République aux souverains coalisés ? On profane ainsi par inconscience l'hymne national du dévouement à la race. Qu'à une revue militaire, qu'au milieu des manœuvres de septembre, qu'au 14 juillet les notes vibrantes de la Marseillaise retentissent pour remuer les cœurs et préparer les courages, nous le comprendrions ; mais elle a un sens trop précis et même trop violent pour clore dignement une fête pacifique : un peuple qui se plaît à l'entendre n'est pas encore disposé à l'arbitrage international.

§ 8. Examinons enfin les titres de l'Europe à s'ériger en pacificatrice du monde alors qu'elle agit violemment en conquérante. Quelle est en effet la moralité ordinaire des Européens dans la vie pratique ? le droit y est-il facilement et spontanément respecté ? Il le faudrait pour qu'on osât se proclamer les apôtres de l'arbitrage. Ne faut-il pas au contraire en Europe comme partout que la force intervienne ou soit prête à protéger le droit ?

On peut sans se tromper affirmer que ne sont généralement respectés en Europe que la vie et la liberté : tel est le bilan de la moralité à notre époque. Et encore que d'exceptions à ce respect ! Mais quant aux autres droits de justice, ils sont presque aussi méconnus qu'aux siècles de barbarie : le vol, la médisance, la calomnie, le mensonge, le parjure et l'ingratitude *plus odieuse que la guerre* sont commis très fréquemment et presque impunément. Car les mœurs publiques se sont adoucies, on verse moins le sang humain, l'esclavage a disparu, mais on n'est pas plus méritant qu'autrefois ; la valeur morale est extérieure au progrès général, comme la vigueur de nos jambes est étrangère à l'invention des chemins de fer : on voyage en effet plus rapidement, mais est-on plus fort? La vertu personnelle est aussi rare que jadis (1).

Chose étonnante ! On pratique la charité avec plus de constance et de délicatesse qu'on ne respecte ses engagements ainsi que la réputation d'autrui : que d'injures on s'inflige dans les luttes politiques, littéraires, artistiques et religieuses ! Que de haines provoque la concurrence

---

(1) Sur ce sujet délicat, certains moralistes admettent que la vertu individuelle est aujourd'hui moins rare qu'autrefois, d'autres qu'elle est plus rare. J'admets une solution moyenne.

commerciale! C'est qu'il est plus facile de secourir l'infortune que de respecter un rival. Et quant au vol, il est commis avec tant d'habileté, d'audace et de continuité qu'il fait partie de nos mœurs ordinaires, car chacun se défie non sans raison. En dehors des vols accomplis par ceux dont c'est le métier, la malversation, la concussion sont pratiquées dans les administrations publiques : leur comptabilité est exactement tenue, mais la régularité des chiffres masque d'autant mieux les détournements opérés dans les fournitures de l'armée, des lycées, des hôpitaux, dans celles de la marine, dans les grands travaux publics. D'autre part on est exposé à la fraude, au mensonge dans le commerce ordinaire et journalier, ainsi que chez les banquiers et beaucoup d'officiers ministériels. Les jeunes gens, malgré leur éducation, fraudent aussi aux examens. Enfin on falsifie le pain, le beurre, les conserves, les parfums, les aliments et les boissons, au grand détriment de la santé publique. La probité est donc rare. Les premiers sauvages ne furent ni plus rapaces ni plus pillards. La civilisation nous rend plus habiles, moins violents, mais qu'ils sont rares ceux qui se plaisent à accomplir des actes de vertu !

§ 9. Et comment pourrait augmenter la moyenne de la moralité humaine, comment arri-

ver à la pratique de l'arbitrage international,
alors que par l'alcool nous surexcitons la violence de nos passions, alors aussi que par notre
alimentation carnivore nous nous inoculons len-
tement et à notre insu l'instinct bas et brutal
d'animaux qui nous sont inférieurs? « Pour que
les festins ne fussent plus dégoûtants, il faudrait,
dit Anatole France, qu'on ne prît que la quin-
tessence de la chair. Et ce ne sera là encore
qu'un progrès bien insuffisant. Un homme délicat ne peut sans dégoût manger cette chair et
les peuples ne peuvent se dire polis tant qu'ils
auront dans leurs villes des abattoirs et des
boucheries. » Cette alimentation est non seulement dégoûtante, mais encore nuisible au progrès de la moralité; elle entretient la barbarie.
Qui tue pour se nourrir, tuera pour se défendre;
tel aliment, telles mœurs. On a l'âme de son
corps. Espérons que le temps viendra où l'on ne
se souviendra de nos étalages de membres pan
telants d'animaux égorgés que pour nous plain-
dre et pour rougir de notre barbare ignorance.

La moyenne de la moralité est donc assez
peu élevée en Europe. Elle ne nous présage pas
le succès de l'arbitrage. Nous aurions besoin de
nous civiliser nous-mêmes avant de prétendre au
rôle de promoteurs des civilisations futures.

Et puis que de dangers nous menacent! Les
Américains déclarent hautement que leur entre-

prise, c'est la conquête de l'Europe et notre ruine économique. Quant au péril que la Chine nous fait courir, il est plus éloigné que l'autre, mais nos hommes d'Etat commencent cependant à le prendre au sérieux. Déjà l'Europe a reçu en 1900 un avertissement mérité : puisse-t-elle ne pas le négliger ! Les cinq grands empires des Anglais, des Allemands, des Russes, des Américains et des Chinois nous entourent et nous serrent de près ; et c'est à ce moment si critique de notre destinée que nous parlons d'arbitrage et de conciliation.

§ 10. Nous sommes naïvement convaincus que nous occupons le premier rang ; et certes, nous ne le contestons pas, s'il s'agit d'agressions et de violences. En effet, les habitants de l'Asie et ceux de l'Afrique ne nous déclarent jamais la guerre, mais nous, nous la leur déclarons, alors qu'il serait préférable de régler nos différends avec eux par un arbitrage honorable. Nous portons chez eux la ruine et la dévastation et nous poussons le cynisme jusqu'à proclamer que nous n'aspirons qu'à la paix.

Mieux vaudrait l'emporter en agriculture, cet art pacifique qui moralise et partout répand la richesse. Elle est la base nécessaire de toute civilisation ; elle est l'art préféré des peuples sédentaires qui n'ont pas l'esprit de conquête.

Aussi est-elle plus honorée parmi les 420 millions de Chinois qu'en Europe. Leurs lois élèvent l'agriculture au-dessus des autres professions ; son plus beau temple est à Pékin. En Chine la terre est cultivée avec des procédés très perfectionnés et fort appréciés des agriculteurs français, comme on peut le voir dans les mémoires de notre société centrale d'agriculture en 1853 ; il n'y a presque pas de plantes dont les Chinois n'aient su tirer parti.

Chez nous l'industrie remplace en partie l'agriculture ; mais l'accumulation d'ouvriers qu'exige une usine dispose à la grève et prépare ainsi le mécontentement et la guerre civile. Le travail industriel étiole l'enfance, épuise la race plus que l'agriculture. Il dispose à la haine du patron, vu qu'il asservit ; les champs au contraire donnent l'air et la liberté.

§ 11. Des barbares, jeunes et vigoureux, que le luxe n'a pas encore pervertis, seraient plus qualifiés pour jouer le rôle de civilisateurs que les races vieillies qui végètent en Europe et que l'infécondité caractérise ; plus de sève surtout chez les races latines d'Espagne, de Portugal, de France et d'Italie. Il y a vingt siècles l'historien Polybe déplorait déjà l'infécondité volontaire des femmes grecques ; la Grèce n'a pu s'en relever. Les législateurs ont vainement institué

la bigamie à Athènes. Socrate était bigame ; ses
deux femmes s'appelaient Xantippe et Mirto (1) ;
rien n'y fit ; la débauche avait tout épuisé. La
Grèce avait mérité de devenir la proie, la victime
des Romains et des Turcs.

Chez nous l'infécondité de la race est volontaire quand elle naît de l'égoïsme ainsi que de
l'amour du luxe et de la bonne chère ; elle est
involontaire quand elle résulte de l'accumulation par hérédité de maladies ancestrales. L'a-
bandon des campagnes et de la culture, l'accroissement des villes contribuent aussi à la
dépopulation de la moitié de l'Europe ; les législateurs seront toujours incapables d'enrayer ce
mal, vu qu'il dépend soit des intentions conju-
gales, soit d'une impuissance infligée par la
nature. La bigamie aurait peut-être une heureuse
influence. Certainement elle serait plus morale
et plus moralisatrice que notre polyandrie des
villes Il importerait aussi que le clergé consen-
tît à se marier : un prêtre serait un utile père
de famille. Il est vrai que l'Europe est trop
pauvre pour nourrir un plus grand nombre
d'habitants.

Cette double pauvreté du sol et du sang inter-
dit à la plupart des nations de l'Europe la direc-

---

(1) Voir la mort de Socrate dans Platon et dans La-
martine.

tion des intérêts de l'humanité. Elles ne sont pas assez puissantes pour imposer par le prestige de la force et du nombre l'obligation de recourir à l'arbitrage. Les peuples d'Asie, d'Amérique et d'Afrique continueront donc à suivre le courant en en appelant aux armes, s'il le faut. Les mœurs humaines n'ont pas encore été assez profondément adoucies ; l'orientation vers la paix n'est pas assez accentuée. L'Europe d'ailleurs ne pratique l'arbitrage que pour des questions de juge de paix. Les souverains qui disposent de quelque autorité emploient partout la force *en dehors* de l'Europe ; l'Angleterre agit militairement envers le Transwaal et l'Egypte ; la France s'est emparée, grâce à ses soldats, du Tonkin, du Dahomey, de la Tunisie ; l'Allemagne, la Russie, l'Angleterre et la France ont réuni leurs forces contre la Chine ; les Etats-Unis ont enlevé Cuba à l'Espagne ; la Grèce a été vaincue par les Turcs. Enfin grâce à l'attitude du gouvernement impérial allemand, l'Europe est obligée de se tenir depuis plus de trente ans armée en guerre pour avoir la paix, de dépenser en engins destructeurs le plus clair de ses ressources pécuniaires, d'immobiliser ou de détourner les facultés de ses enfants pendant la période qui serait la plus féconde.

§ 12. Enfin faites *voter* la pacification universelle par l'ensemble des nations ; que sera la majorité ? Pacifique ? Belliqueuse ? Les faits sont pour cette dernière solution ; l'entretien si coûteux d'armées permanentes prouve que les peuples comptent plus sur de bonnes armes que sur de bonnes lois. L'arbitrage international n'est pas une invention qui puisse seulement jaillir du cerveau d'un grand penseur et être mise en pratique par la diplomatie. Il faut qu'il devienne une coutume populaire, un grand progrès social et plus que continental.

C'est des masses profondes du peuple que doit partir l'inspiration et cela dans tous les continents. Des diplomates et des députés mettront l'arbitrage sur le papier, mais non dans les mœurs publiques. Il y a loin d'un rêve de Platon à sa réalisation.

L'univers renferme environ 1.500 millions d'êtres humains, sur lesquels 300 millions appartiennent à l'Europe, 200 millions à l'Afrique, 800 millions à l'Asie, dont 420 millions à la Chine seule. Poussés par le désir d'excellence ou par le besoin de vivre, tous ces peuples luttent entre eux et se disputent les produits de la terre ; ils se les arrachent. Comment la paix règnerait-elle au milieu d'une concurrence si constante et si nécessaire ? D'autre part tous ces peuples sont pourvus d'armes en vue d'une attaque toujours possible. Demandez-leur de les déposer ; jamais ils n'y consentiront; ils ont trop clairement conscience de leurs propres dispositions hostiles et de celles des peuples voisins.

Bien que maintenant il y ait des juges à La Haye, il serait donc prématuré de redire avec Michelet qu'au XX° siècle la France déclarera la paix au monde.

III

Difficulté de l'arbitrage. — Trois cas où il sera impuissant.

La propagande en faveur de l'arbitrage international repose sur une erreur: l'origine de la guerre y est implicitement attribuée seulement aux chefs d'Etat. On les rend responsables des horreurs, des cruautés, des défaites qui en résultent; et certes dans cette hypothèse on a raison de les appeler tyrans et despotes. Mais on oublie qu'un tribunal international devrait non point mettre d'accord les princes, mais surtout pacifier les peuples: chose plus difficile. Les rois auraient effectivement une puissance autocratique et les hommes seraient des lâches de la subir, si la guerre n'était impérieusement ordonnée que par les rois. Au contraire, si déjà les chefs ne trouvaient pas tout disposé pour la bataille, si avant eux on n'avait pas inventé des armes pour la main et pour le tir, fabriqué les engins les plus meurtriers, si chaque homme ne possédait pas le désir inné de l'attaque et de la défense, jamais ces chefs n'eussent réussi à exercer leurs ravages sur les Etats voisins. Mais tant que le droit ne sera pas spontanément et facilement respecté par les citoyens, la guerre restera inévitable : la force aura toujours alors pour rôle nécessaire de sauvegarder le droit.

D'ailleurs trois cas difficiles se présentent ici : quand le patriotisme sera surexcité, 1° par une insulte infligée à l'*honneur* national, 2° par une menace adressée à l'*indépendance* politique de tout un peuple, 3° par la crainte de voir le *territoire amoindri*, alors l'arbitrage lui-même demeurera impraticable, les diplomates arriveront trop tard et leur sentence sera de nul effet, car dans ces trois cas la patrie court un danger immédiat ; sa voix nous appelle ; l'honneur de tous est engagé ; la guerre devient alors un véritable duel ; il y a cas de légitime défense. Le peuple n'entendrait rien aux finesses et aux atermoiements de la diplomatie ; toujours il exigera le respect de sa dignité ; et c'est un bien : car une nation qui, sans combat, accepterait la dépendance ou la perte d'une province, ne compterait plus ; elle aurait elle-même prononcé sa propre déchéance. Il faut que le sang ait coulé, il faut qu'on ait consulté le sort des armes pour qu'un peuple se résigne malgré lui à perdre ce qui

donne du prix à la vie ; et encore, dans des con-
jonctures aussi douloureuses, voit-on les plus
fiers citoyens préférer l'exil à la honte et refuser
de subir le joug du vainqueur La guerre seule
règlera donc pour de longs siècles encore les
différends internationaux qui intéressent le patriotisme

Outre les trois cas signalés, l'arbitrage sera
encore bien difficile à pratiquer quand il y aura
antagonisme séculaire de races rivales ou quand
un petit Etat se sentira lésé par la sentence arbitrale. Cette nation ne restera point indifférente
et ne consentira jamais à jouer le rôle passif d'un
condamné : rien ne serait plus blessant, plus
contraire à l'amour-propre national.

A ces raisons s'ajoute la mobilité inhérente
aux choses humaines, car enfin peut-on espérer
que l'Europe, aujourd'hui formée d'Etats qui
tous ont des frontières fixes, restera ainsi constituée sans changement pendant deux siècles ;
cela ne s'est jamais vu ; la mobilité est la loi
suprême ; un arrêt dans le mouvement serait
l'asphyxie. La carte de l'Europe sera-t-elle dans
deux siècles ce qu'elle fut en 1871 ? On ne saurait l'espérer. Or quel Etat cédera jamais une
province volontairement ? L'histoire n'en cite
pas d'exemple. Parfois on achète un territoire
presque inculte ou sans importance ; mais une
province d'un puissant Etat ne s'obtient pas

aussi facilement. Rien ne serait plus contraire à l'équilibre européen. On ne remanie les frontières des pays « civilisés » qu'avec du sang.

IV

De l'intervention du droit dans la guerre.

L'intervention du droit modifie, améliore, mais ne détruit pas la guerre ; le droit est sans doute conforme à la morale, mais il est aussi une puissance qui réagit, car il est non seulement la voix du sang qui crie, non seulement l'énergique revendication de la victime qui se dresse, mais il est aussi une des armes dont se sert notre race pour lutter et détruire.

Le droit présidera toujours davantage à nos débats et à nos relations civiles ou internationales ; nous en avons le ferme espoir. Mais le droit n'est pas la conciliation ; il distingue, il oppose les intérêts individuels et généraux ; il maintient la distinction des riches et des pauvres ; il anime la lutte en lui conférant une valeur morale. C'est en son nom qu'une revendication se produit et qu'un procès s'engage. Quand même aucune injustice n'aurait été accomplie antérieurement, l'intervention du droit de chacun aboutira néanmoins non pas toujours

à un antagonisme violent, du moins à l'amoin-
drissement, puis à la disparition du plus faible,
et cela parce qu'étant le plus faible ou le moins
intelligent, il n'aura pu conquérir de droit.

Depuis longtemps les hostilités ont cessé d'être
une barbarie sauvage ; peu à peu elles sont
devenues un art et une stratégie ; surtout elles
admettent, elles exigent même des préliminaires
ainsi que la pratique de règles empreintes de
sagesse et de modération : on respecte les am-
bassadeurs, certaines armes sont prohibées, on
ne tue pas les prisonniers, on ne les réduit pas
en esclavage, on a souci de ses serments. Néanmoins la guerre subsiste encore et l'on en vient
toujours à verser le sang.

Imaginons enfin un état social où le droit aurait accompli des progrès plus marqués, où ses
arrêts prédisposeraient infailliblement les es-
prits à l'arbitrage et à la conciliation ; la guerre
réapparaîtrait sous une forme plus adoucie sans
doute, mais avec un résultat final tout à fait
identique, c'est-à-dire avec l'élimination de l'être
le plus faible. Combien est en effet multiple
aujourd'hui la variété des procédés qu'invente
le génie de l'homme pour triompher d'un adver-
saire ! moins un gouvernement entreprend de
guerres franchement déclarées, plus la discorde
civile s'agite au fond des masses populaires
pour aboutir à une sédition violente, à une

insurrection où le sang ne tarde pas à couler, tant est grand le besoin de haïr, car en dehors de son intérêt, l'homme n'est sociable que par accès et par élans vite arrêtés. La trame d'un vaste complot se forme, des sociétés préparent dans l'ombre la destruction de ce qui existe ; et cependant c'est toujours au nom du droit qu'on s'irrite et qu'on s'excite ; c'est, dit-on, pour éviter d'être plus longtemps les victimes des exploiteurs officiels et des bourgeois capitalistes. Vient enfin le jour de l'exécution, et alors aux moyens employés dans les armées s'ajoutent des procédés plus terribles ; ni le fusil ni le canon ne suffisent ; c'est vieux jeu ; l'action en est trop lente et trop bénigne. On demande alors à la science des engins nouveaux et plus redoutables. Et néanmoins dans toutes ces convulsions sociales, le droit est invoqué de part et d'autre ; il est même parfois inscrit sur le drapeau de l'insurrection, comme il arriva en France en juillet 1848 : cent mille hommes envahirent alors l'assemblée constituante pour affirmer leur *droit au travail.*

Dans la nature se meuvent des forces et des puissances, mais elles sont aveugles et physiques, tandis que dans le droit la moralité se joint à la force, car il est une puissance morale. Or ce nouvel élément sera-t-il destructeur du premier ? Le droit cessera-t-il d'agir comme

une force parce qu'il s'unit à notre libre arbitre
et parce qu'il concorde avec le devoir? Certainement non, car il ne perdra pas son essence
qui est d'être une énergie s'imposant d'après
ses lois propres. Assurément il rendra les hostilités de moins en moins sanglantes, mais il ne
supprimera ni la lutte ni la concurrence A l'é-
poque où la claire aperception de tous les droits
de l'homme aura réalisé un grand progrès
moral, on ne croira plus possible qu'on ose
attenter aux jours de l'homme ; on aura oublié
nos siècles de meurtre et de carnage ; à peine
les érudits en conserveront-ils l'antique légende ;
et cependant l'homme gémira aussi tristement.
Aujourd'hui le bien-être s'est répandu ; le nombre des jours de bataille a diminué ; or se plaint-
on moins amèrement ? S'aime-t-on davantage?
Quel parti a désarmé? Quel pays n'est pas divisé?
C'est que l'essentiel de la guerre n'est pas dans
une blessure, dans le bruit terrible de la canon-
nade ; ce sont là des procédés à l'usage de notre
époque et l'on aura raison de les mettre par l'arbitrage en harmonie avec la clémence de nos coutumes ; mais ils ne sont pas plus cruels que ne
le sera dans vingt siècles le mode d'élimination
que l'adoucissement des mœurs aura provoqué.

V

Essais antérieurs d'un tribunal international.

Un grand mouvement pacifique porte aujourd'hui les hommes d'Etat et les diplomates à préférer la paix par le droit ; une évolution vers la conciliation amiable s'accentue. Bien que l'opinion publique reste fort indécise, bien que nos mœurs dans leur ensemble concordent mal avec ces tendances, une Cour d'arbitrage permanent a été constituée à La Haye le 22 juillet 1899 et tous souhaitent que les gouvernements ne puissent plus se soustraire à l'obligation morale qu'elle leur impose Le temps viendra certainement où la fédération des intérêts économiques reliera intimement les peuples et rapprochera nécessairement leurs institutions politiques à tel point que la force du droit se substituera partout au droit par la force dans les relations internationales. Economisons d'abord les millions que nous coûte le militarisme et nous pourrons décharger les agriculteurs, payer sur le budget de l'Etat les dépenses scolaires, construire des chemins de fer jusqu'aux endroits les plus reculés, corriger le cours capricieux de nos fleuves, introduire parmi nous les soins et les enterrements gratuits. Ce tableau est séduisant à coup sûr et ce n'est qu'une esquisse des résultats que réaliserait la cessation de la guerre.

Or, qu'on le sache, ce mouvement pacifique n'a réussi qu'imparfaitement; mais il date de fort longtemps, car le dix-neuvième siècle compte soixante-neuf traités d'arbitrage de 1816 à 1891 ; les Etats-Unis d'Amérique en ont signé vingt-sept, l'Angleterre vingt quatre et la France huit seulement. En outre constatons d'abord que la Commission du Danube établie en 1856 par le traité de Paris, constitue déjà pour cette contrée un tribunal d'arbitrage permanent, ensuite que le congrès de Berlin en 1878 fut encore en réalité un tribunal d'arbitrage entre les sept grandes puissances d'Europe pour régler les réclamations des différents Etats de la péninsule des Balkans, et enfin que le congrès Pan-Américain réuni à Vashington le 28 avril 1890 adopta une motion engageant toutes les républiques américaines à soumettre désormais leurs démêlés à l'arbitrage. Cette motion a été acceptée par une dizaine de ces républiques. Ainsi disparaîtrait la guerre, cette sorte de jugement de Dieu qui jusqu'à nos jours a eu un caractère très marqué de judicature.

Tous ces faits révèlent les tendances pacifiques des peuples modernes. Mais parviendra-t-on à ce but mieux que l'abbé de Saint-Pierre, au dix-huitième siècle? Cet écrivain célèbre, membre de l'Académie française, s'est jadis sur ce point bercé d'un espoir qui fut déçu. Il a composé (1) un « projet de traité pour rendre la paix perpétuelle entre les souverains chrétiens, pour maintenir le commerce libre entre les nations et affermir les maisons souveraines sur le trône. » On voit par ce titre que le but de la conférence de La Haye fut moins étendu, moins monarchique, mais plus humanitaire que le projet de l'abbé de Saint-Pierre. L'auteur y attribue à Henri IV l'idée d'une grande association des peuples et des rois d'Europe; « ce prince avait compris, dit-il, combien la salutaire invention de l'arbitrage permanent avait été avantageuse aux premières familles du monde pour former un village où l'on pût jouir des avantages du commerce et se protéger mutuellement. »

Il pensait que, dans un Etat, tous avaient plus d'intérêt à se tenir unis qu'à rester divisés. sans cesse armés les uns contre les autres et disposés à verser le sang. Il ne prévoyait pas qu'au vingtième siècle l'Europe serait encore pleine de soldats. Avec la paix, disait-il, les arts se perfectionneraient, le commerce se propage-

---

(1) Publié à Utrecht, 1716 ; dédié au régent de France.

rait ; l'abondance et la sécurité résulteraient de cette intime union des peuples. L'abbé de Saint-Pierre trouvait dans le gouvernement des provinces-unies des Pays-Bas et dans celui de la Suisse d'excellents modèles à suivre ; il eût voulu voir réalisé le projet qu'Henri IV avait proposé à la reine d'Angleterre Elisabeth et que Jacques 1er avait aussi agréé. Il lui semblait possible de former avec tous les peuples chrétiens « le plus grand corps politique qui ait jamais été. » Le but avoué de cette nouvelle politique était de procurer aux souverains et aux peuples une sûreté entière et une garantie suffisante de l'exécution des traités. Tous les différends internationaux se termineraient sans violences ni représailles, mais à la suite d'un arbitrage permanent et par la décision des princes associés et solidairement intéressés. Et il pense naïvement que dès lors disparaîtraient les séditions, les révoltes, les guerres civiles. Combien l'histoire des deux derniers siècles lui donne tort, nous ne le savons que trop ; il est vrai qu'on n'a pas appliqué ses idées. Mais en entendant cet abbé exprimer il y a deux siècles environ ces espérances humanitaires, on croirait assister au congrès de la paix du 22 février 1901 : au lieu d'Henri IV, d'Elisabeth et de Jacques 1er, il y fut question du Czar et de la reine de Hollande. Les vœux sont les mêmes et ce

sont encore les Pays-Bas qui sont le siège de
cette ligue en faveur de la paix.

« Une institution si désirable, continue l'abbé
de Saint-Pierre, procurerait à tous les peuples
un calme inaltérable, des relations commer-
ciales tout à fait libres et illimitées. Les premiers hommes n'avaient d'autre voie à suivre
que le meurtre et la brutalité ; mais faudra-t-il
conserver plus longtemps aux souverains, à titre
de glorieuse prérogative, l'étrange privilège de
ne pouvoir à notre époque apaiser leurs querelles
que dans le sang et à la manière des fauves ?
Non sans doute ; aussi, vu le cours ordinaire
des choses et comme l'esprit humain s'avance
nécessairement de progrès en progrès, espérons
que la politique aura, elle aussi, sa grande et
profonde réforme. Peut-être un jour viendra où
elle assujettira enfin toutes les volontés au joug
d'une autorité puissante et respectée, parce que
toujours elle sera conciliante et raisonnable. »

Le *Journal de Trévoux* fort répandu à cette
époque et rédigé par les jésuites, encouragea
de ses éloges l'ouvrage de l'abbé de Saint-Pierre ;
au mois de juillet 1713, on y lisait qu'il était
fort désirable de voir « le projet de paix perpétuelle se multiplier par de nombreuses éditions
et s'imprimer en toutes sortes de langues ; il
semble même impossible d'être ni bon sujet, ni
bon chrétien sans faire un pareil souhait. » Ce

livre ne passait donc pas inaperçu ; d'ailleurs, plus d'un passage nous révèle que la discussion s'était répandue et l'auteur avait dû répondre à des objections. Ainsi, lui avait-on dit, un souverain ne saurait signer les articles de l'arbitrage permanent sans perdre son indépendance et sa liberté d'action. Or qu'y-a-il de plus estimable et de plus précieux dans la condition d'un roi ? Jamais un prince n'accepterait qu'il lui fût défendu de combattre son ennemi ; jamais il ne consentirait à se lier et à se donner des juges. Ensuite, il devrait subir la décision des arbitres, laisser chacun de ses voisins dans leurs possessions et limiter ainsi sa propre action. On verrait un chef d'Etat réduit à rendre compte de sa propre conduite, à se justifier et même à réparer ses torts : nouvelle politique qui affaiblirait l'autorité suprême et abaisserait la majesté royale.

A ces objections, l'abbé de Saint-Pierre répondait qu'un prince équitable ne prétendra pas plus qu'un simple citoyen avoir le droit d'être juge dans sa propre cause (1). A l'égard de la réparation des dommages et des offenses, il serait nécessaire de convenir que la victime ne recourra pas aux voies de fait et ne se vengera

---

(1) Page 51.

pas elle-même. Seuls les arbitres prononceront. D'ailleurs, ajoute l'abbé de Saint-Pierre, (1) « il est nécessaire que les chefs d'Etat conviennent de moyens suffisants pour donner à l'arbitrage assez de force coercitive. Car l'épée (2) n'est pas moins utile à la justice que la balance ; les jugements, quelque sages qu'ils soient, seraient inutiles si l'arbitrage n'avait pas la force de les faire exécuter; il importe que nul ne soit tenté de résister aux arbitres, et cela pour deux raisons : la première, qu'il tenterait vainement la résistance, vu la puissance des juges ; la seconde, qu'outre la perte de la chose contestée, il souffrirait infailliblement la punition attachée à toute rébellion. »

Puis l'auteur passe longuement en revue les divers Etats d'Europe et pour chacun d'eux — Venise, Hollande, Portugal, Espagne, Sicile, Etats du Pape, Bavière, Allemagne, Prusse, Danemark, Angleterre, Russie, Suède et France — il explique combien le calme le plus complet, la prospérité la plus durable résulteraient de l'établissement d'un sénat européen ; il formule enfin au nombre de vingt-quatre les articles fondamentaux de ce pacte politique.

---

(1) Page 55.

(2) Page 56.

Voici les plus importants :

Art. 1er. Il y aura de ce jour à l'avenir une police permanente, une société de protection réciproque et perpétuelle entre les souverains d'Europe et même entre ceux qui dans la suite signeront le présent traité ; cette société s'appellera la société européenne, établie pour terminer sans guerre et par voie d'arbitrage les diflérends à venir.

Art. 5. Il y aura à Utrecht ou telle autre ville une assemblée perpétuelle de vingt-deux députés plénipotentiaires qui, représentant chacun leur souverain, n'auront chacun qu'une voix et formeront un sénat appelé le sénat européen ; il terminera, par sa première sentence à la pluralité des voix et par sa seconde et définitive sentence aux trois quarts des voix, tous les différends qui naîtront entre les associés.

Art. 6. Chaque sénateur ne pourra opiner que suivant les instructions de son souverain.

Art. 7. La ville de la Paix où s'assemblera le sénat européen sera gouvernée en toute souveraineté par le sénat.

Art. 9. La société européenne ne se mêlera point du gouvernement intérieur de chaque Etat ; elle donnera seulement ses soins et emploiera son autorité à prévenir et arrêter les guerres civiles.

Art. 10. La société européenne emploiera de même son autorité et ses forces à empêcher que, pendant les minorités et les régences, il ne soit fait aucun préjudice au souverain.

Art. 14. Les souverains ne pourront demander l'exécution d'aucun échange de territoire ni d'aucun traité qu'il n'ait été agréé et ratifié par le Sénat européen et il demeurera garant de l'exécution.

On serait tenté de sourire à la lecture de cette réglementation si précise d'une assemblée qui jamais ne s'est effectivement réunie et l'on voudrait faire dans un tel projet la part de la chimère et de la raison. Assurément tout n'y est pas vaine utopie. Le conseil des Amphictyons en Grèce, le tribunal des Féciaux à Rome en furent jadis comme une réalisation partielle. Dans les temps modernes l'équilibre européen y ressemble et surtout il en a les effets utiles. En outre divers congrès qu'au xixe siècle les souverains ont réunis, furent de même les grandes assises de la politique européenne ; ainsi les congrès tenus soit à Troppau dans la Silésie autrichienne en 1820, soit à Laybach en Illyrie en 1821, soit à Vérone dans la Vénétie en 1822, soit surtout à Paris en 1856 eurent en partie pour but la consolidation de la paix en Europe.

Enfin, ce qui prouve mieux encore la valeur des idées de l'abbé de Saint-Pierre, ce sont les décisions mêmes de la conférence de La Haye en 1899. Voici les principales. On pourra facilement les comparer avec celles qui précèdent. On y remarquera surtout au titre III l'article 9, qui réserve les litiges relatifs à « l'honneur et aux intérêts essentiels » d'une nation. La guerre n'est donc pas absolument conjurée ; et même, art. 6, la médiation n'a pas force obligatoire ; de plus, art. 7, elle n'interrompt ni ne retarde la mobilisation des troupes.

Cette conférence internationale de la Paix convoquée dans un haut sentiment d'humanité par l'Empereur de Russie, Nicolas II, s'est réunie sur l'invitation du gouvernement de la Reine des Pays-Bas, à la maison du Bois à La Haye le 18 mai 1899 et a soumis à la signature des plénipotentiaires le texte des conventions et déclarations suivantes :

Titre 1er. — **Du maintien de la paix générale**

Art. 1er. En vue de prévenir autant que possible le recours à la force dans les rapports entre les Etats, les puissances signataires conviennent d'employer tous leurs efforts pour assurer le règlement pacifique des différends internationaux.

Titre II. — **Des bons offices de la médiation**

Art. 2. En cas de dissentiment grave ou de conflit, avant d'en appeler aux armes, les puissances signataires conviennent d'avoir recours, en tant que les circonstances le permettront, aux bons offices ou à la médiation d'une ou de plusieurs puissances amies.

Art. 3. Indépendamment de ce recours, les puissances signataires jugent utile qu'une ou plusieurs puissances étrangères au conflit offrent de leur propre initiative, en tant que les circonstances s'y prêtent, leurs bons offices ou leur médiation aux Etats en conflit, même pendant le cours des hostilités. L'exercice de la médiation ne peut jamais être considéré comme un acte peu amical.

Art. 4. Le rôle du médiateur consiste à concilier les prétentions opposées et à apaiser les ressentiments.

Art. 6. Les bons offices de la médiation n'ont *jamais force obligatoire*.

Art. 7. Ils *n'interrompent ni ne retardent la mobilisation des troupes.*

Titre III. — Des commissions internationales d'enquête

Art. 9. Dans les litiges d'ordre international n'engageant *ni l'honneur ni des intérêts essentiels* et provenant d'une divergence d'appréciations sur des points de fait, les puissances signataires jugent utile que les parties instituent une commission internationale d'enquête, chargée de faciliter la solution.

Art. 10. Les commissions internationales d'enquête sont constituées par convention spéciale entre les parties en litige. La convention d'enquête précise les faits à examiner et l'étendue des pouvoirs des commissaires. Elle règle la procédure. L'enquête a lieu contradictoirement.

Titre IV. — De l'arbitrage international

Art. 18. La convention d'arbitrage implique l'engagement de se soumettre de bonne foi à la sentence arbitrale.

Art. 20. Dans le but de faciliter le recours immédiat à l'arbitrage pour les différends internationaux qui n'ont pu être réglés par la voie diplomatique, les puissances signataires s'engagent à organiser une *Cour permanente d'arbitrage*, accessible en tout temps.

Art. 21. La Cour permanente sera compétente pour tous les cas d'arbitrage.

Art. 22. Un bureau international établi à La Haye sert de greffe à la Cour. Il est l'intermédiaire des communications relatives aux réunions de celle-ci. Il a la garde des archives.

Art. 23. Chaque puissance signataire désignera quatre personnes au plus d'une compétence reconnue et disposées à accepter les fonctions d'arbitre, à titre de membres de la Cour.

Art. 32. Les fonctions arbitrales peuvent être conférées à un arbitre unique ou à plusieurs arbitres, etc.

Concernant les lois et coutumes de la guerre sur terre, il y est encore question des belligérants, des prisonniers de guerre, des malades, des blessés, des moyens de nuire ; ne pas employer de poison, ni tuer ni blesser par trahison, ni tuer ni blesser l'ennemi qui s'est rendu, ne pas déclarer qu'il ne sera pas fait de quartier, ne pas causer des maux superflus, ne pas user indûment du pavillon parlementaire, ne pas bombarder les villes non défendues ; enfin il y est question des espions, des parlementaires, des capitulations conformes à l'honneur militaire, de l'armistice, de l'interdiction du pillage, etc.

Plus d'un demi-siècle après l'abbé de Saint-

Pierre, en 1795, le philosophe allemand Kant conçut, lui aussi, un « projet de paix perpétuelle » ; il y déclarait qu'une pacification universelle est non seulement une chose désirable, mais un devoir qui oblige les chefs et les citoyens et sollicite leurs constants efforts.

Ainsi, à l'époque des guerres suscitées par la République française et par Napoléon Ier, Kant a cru, par un contraste saisissant, devancer l'avenir en posant en principe, au nom de la raison, que plus tard « nul Etat, grand ou petit, ne pourrait être acquis par un autre ni par conquête, ni par héritage, ni par échange, ni par vente ou donation ; que les armées permanentes cesseraient d'exister avec le temps ; que toute intervention armée dans les affaires intérieures d'une nation serait interdite ; que la constitution de chaque Etat deviendrait républicaine, parce que c'est la seule constitution qui résulte logiquement de l'idée du contrat social ; enfin que tous les Etats, tout en restant indépendants, formeraient une immense confédération analogue à celle de la Suisse, avec une assemblée fédérale réglant les différends internationaux. Ensuite Kant est d'avis que cet idéal de paix n'est pas une chimère, car il est obligatoire, impératif, et il ajoute qu'il sera réalisé par suite du double et inévitable progrès du droit et des intérêts eux-mêmes.

Nous rendons hommage aux nobles sentiments et à tant d'idées justes que renferme cet ouvrage de Kant. Mais nous ne saurions en accepter la conclusion principale : celle d'une paix perpétuelle. Les faits sociaux de son époque et ceux qui aujourd'hui s'accomplissent sous nos yeux ne fondent nullement cet espoir : les guerres du xixe siècle, des troubles sans cesse renouvelés et de toute nature, les passions partout déchaînées, le besoin de s'agiter si naturel à l'homme, le désir d'excellence produisant les impérialismes des Anglais, des Russes, des Allemands, des Etats-Unis d'Amérique et des Chinois, la colonisation pratiquée les armes à la main, puis en Europe l'entretien si coûteux et si nécessaire d'armées permanentes n'annoncent nullement l'aurore de la pacification universelle. Kant a peut-être écrit le livre d'un avenir fort éloigné ; mais il n'a pas fondé son espoir sur l'expérience et sur les faits ; on viole trop facilement le droit pour que la force n'intervienne pas. L'homme n'est pas assez sociable Il y a plus de cinq mille ans que le respect de la vie humaine semble obligatoire aux moralistes comme à Kant, mais les casernes n'en sont pas moins fort nombreuses et bien entretenues.

Rivalités d'Etats, rivalités individuelles, voilà partout le spectacle que présente l'Univers. Cela donne, du reste, de l'intérêt à l'existence ; cela confère du prix à la chose conquise. En pleine paix on s'expose à perdre la vie pour la gagner. Une paix véritable, profonde et sincère, nous asphyxierait. L'amour n'est pas le seul principe de la morale universelle comme l'a soutenu Dupont de Nemours (1). Cet économiste prétend en effet que « tous les êtres de l'Univers ont pour devoir, idéal aujourd'hui, mais plus tard réalisable, de s'unir et de s'associer. » Les faits ne confirment pas cet espoir pour notre époque ; car, pendant tout le xix⁰ siècle, les différends sur la prééminence, sur l'indépendance et l'honneur des nations ont suscité la guerre et la haine ; on n'a fait appel à l'arbitrage que pour des questions de juge de paix.

La permanence des armées dans toute l'Europe au milieu même des œuvres de la civilisation et malgré tant de protestations favorables à la paix, prouve que la question reste entière et que les chefs d'Etat ne comptent ni sur le respect spontané du droit ni sur l'amour de l'homme pour l'homme. Assurément les sentiments sociaux jouent parmi nous et même dans toute la nature un rôle d'abord créateur et ensuite bienfaisant et consolateur ; mais la guerre pour les Etats, la lutte pour les individus

---

(1) *Philosophie de l'Univers*, 1796-1799.

n'ont pas une importance moins considérable : elles maintiennent et sauvegardent dans un être l'existence que l'affection et la tendresse lui ont départie au moment de la génération.

VI

Ressemblance de la guerre et de la lutte pour l'existence.

Les Etats luttent pour l'indépendance, l'honneur et l'intégrité du territoire ; cela s'appelle la guerre. Les individus luttent pour la liberté, pour leur réputation offensée, leurs idées et leurs moyens d'existence, et cela ne s'appelle plus la guerre, mais la concurrence vitale. Ces deux faits sociaux sont cependant semblables ; ils ne diffèrent qu'en apparence et dans les procédés ; et encore dans le cas de légitime défense l'individu repousse l'attaque comme l'Etat repousse l'invasion. Le duel nous présente même cette ressemblance avec une saisissante évidence ; l'esprit scientifique autorise donc cette assimilation, vu que dans les deux cas il s'agit toujours de l'homme attaqué qui défend sa personne et ses biens.

Tout être organisé suit ou subit à son insu une loi absolument inévitable, celle de se maintenir dans l'existence et de s'élever de l'être au mieux-être. Nul n'y échappe et ne saurait s'y soustraire, même en pleine paix. Dès lors quand de deux concurrents l'un doit être amoindri ou disparaître, nous déclarons qu'il y a guerre et nous prétendons même que dans plus d'un cas cette bataille où l'on ne tue pas est très douloureuse, parfois meurtrière et surtout très importante par la durée de ses conséquences. Pour l'homme comme pour les races animales, la conservation actuelle de l'existence sera toujours une lutte ardente et sans relâche.

Ne sait-on pas qu'on ne s'assure la paix qu'en se préparant à la guerre ? Celle-ci subsiste donc toujours à l'état latent et la sagesse des princes consiste soit à la déclarer à temps soit à en propager la menace. Le bruit du canon frappe, étonne, jette l'effroi ; il n'est cependant que l'indice révélateur d'une dernière phase ; cet acte final a été nécessairement précédé d'une série de faits antérieurs qui l'ont provoqué. Oserait-on dire qu'un peuple vaincu préparant pendant de longues années une guerre de revanche, vit en paix avec le vainqueur ? Les intérêts sociaux ne sont-ils pas évidemment opposés ? La paix ne subsiste alors que provisoirement ; on la subit ; elle s'impose. On la respecte parce qu'elle est actuellement utile et urgente ; mais en toutes circonstances on s'opposera au progrès de la puissance rivale. On n'épargnera pas il est vrai les paroles empreintes de courtoisie : on en fera parade. Néanmoins par des alliances secrètes, par des mesures administratives ou politiques, on entretiendra les mauvaises dispositions d'une autre nation jalouse ; on la soutiendra de son influence ou de ses subsides. Loin d'être la paix, un pareil état de choses est une guerre dissimulée sous les apparences et les protestations de l'amitié.

Dans la vie civile les formes de la guerre, en pleine paix, sont nombreuses et cependant inaperçues : la médisance, la calomnie, l'ambition, la concurrence commerciale, l'opposition politique, les haines religieuses, les examens, même honnêtement pratiqués, la rivalité artistique, la proscription des idées nouvelles, la condamnation des inventeurs en sont les principales. Alors se produit une considérable déperdition de force vive : l'être s'y use aussi vite, plus vite même parfois que dans le métier des armes ; la mort y sévit avec autant de fréquence et de cruauté. A Paris il meurt environ chaque année dix mille miséreux, victimes infortunées de la faim ou du besoin ; ils meurent après une lente agonie, après un affaiblissement successif qui provoque de douloureuses maladies plus funestes qu'un coup d'épée. Ce fait trouve en partie sa cause dans celui-ci, à savoir que tous les matins à Paris vingt mille hommes ou femmes au moins se lèvent sans savoir où et comment ils prendront leur repas. Les uns demandent soit au crime, soit à la débauche leurs moyens d'existence ; d'autres, les plus respectables, cachent leur misère dans un étroit logis, n'ayant pour compagnons que le denûment et la faim ; une nourriture insuffisante les soutient quelque temps jusqu'au moment où, épuisés, étendus sur un grabat sordide, ils obtiennent enfin de la mort la délivrance attendue. Qui pourrait contester que ces moribonds soient des vaincus ? Et la guerre, celle à laquelle préside le bruit de la mitraille, qu'est-elle en comparaison sinon un accident relativement rare de cette guerre universelle, de cette concurrence vitale qui divise, oppose et détruit tant d'individus et de races.

Entre les fleuves de l'Orange et du Zambèze, en Afrique, errent des milliers d'antilopes ; ce sont des animaux timides, paisibles, sociables et toujours réunis en immenses troupeaux. Cependant, malgré leur caractère tranquille et doux, bien qu'ils soient herbivores et rarement exposés dans leurs solitudes à la poursuite des carnassiers, ils se livrent avec non moins de persévérance la grande bataille de la vie. En effet, les subsistances sont vite absorbées par les plus alertes ; ils gagnent par leur agilité les premiers rangs ; par leur force et leur constance ils s'y maintiennent, puis repoussant les alourdis, ils ne leur laissent qu'un sol dépouillé de verdure, et ces traînards succombent bientôt accablés de lassitude et de faim. Nulle violation du droit n'a été commise mais le vaincu paie néanmoins de sa vie son insouciance et sa lourdeur C'est l'image de la vie humaine. La lutte est donc partout.

L'homme est né de l'amour, mais il ne gardera son existence que par l'effort, la lutte et la guerre. La force seule fonda les premières sociétés, car l'homme primitif ne dut son salut qu'à une prodigieuse intensité du sentiment égoïste, à une intelligence toujours en éveil pour éviter les embûches, à une activité aussi infatigable qu'habile pour se procurer des vivres, des armes, un abri. Le poète latin Lucrèce n'a donc considéré que la naissance de l'être humain quand dans le poème (1) qui l'a illustré, il célèbre la déesse de l'amour et la regarde comme la mère de tous les êtres : « Bienfaisante Vénus, dit-il, c'est toi qui, sous la voûte du ciel et ses astres errants, peuples la mer aux vaisseaux rapides, la terre aux riches moissons ; c'est par toi que tout ce qui respire, que toutes les espèces vivantes sont conçues et, arrivant à l'existence, voient la lumière du soleil. Devant toi, ô déesse,

---

(1) *De natura rerum*, I.

à ta seule approche, fuient les vents, fuient les nuages ; sous tes pas, la terre étend la douce variété de ses tapis de fleurs, les flots de la mer te sourient, et dans le ciel le plus serein se répand et resplendit la clarté du jour. Puis donc que *seule tu gouvernes la nature*, que sans toi rien n'aborde au rivage de la lumière, que rien ne se produit de doux et d'aimable, je te voudrais pour compagne dans le travail de ces vers où je m'efforce d'expliquer toutes choses. » Pour Lucrèce, la déesse de l'amour, c'est aussi la Paix et même il a eu la conscience la plus claire de la difficulté que nous essayons de résoudre ; il a saisi la haute portée du problème, car il ajoute immédiatement : « Fais que sur toutes les mers, que sur la terre cessent les travaux guerriers, que leurs fureurs s'assoupissent et s'apaisent. Car toi seule, ô Vénus, peux rendre aux mortels le repos, le bonheur de la paix, puisque Mars vient si souvent tomber dans tes bras, vaincu par son amour, succombant à son éternelle blessure. Alors, les yeux élevés vers toi, de la couche où repose sa tête, il repaît de ta vue ses regards avides et suspend son souffle à tes lèvres. Ah ! lorsqu'ainsi, ô déesse, il repose près de ton corps sacré, entouré de tes bras et que ta bouche se répandant en douces paroles, lui demande le calme de la paix pour les humains. »

Touchante, mais stérile prière, car elle n'explique pas toute la nature des choses comme le pense Lucrèce. Il est faux en effet que l'amour seul gouverne l'univers, car la force a toujours exercé une influence prépondérante. Et pourquoi ne l'exercerait-elle pas? La force équivaut en effet à l'être réel; qu'elle soit physique ou intellectuelle ou morale, la force s'impose comme la vraie réalité; or elle n'est l'amour sous aucune de ces trois formes. L'hymen légendaire de Vénus et de Mars nous explique même la nature avec plus de vérité que Lucrèce, car il signifie que les races ne subsistent et ne se défendent que par l'heureuse alliance de l'énergie unie à la bonté; seule et isolée, la bonté devient la faiblesse; elle tend au néant. Les mœurs s'adouciront, s'assagiront; le temps viendra où l'homme rougira de verser le sang de l'homme, mais, quel que soit le progrès de la civilisation, jamais la douceur, jamais la tendresse ne règneront sans l'intervention secourable d'une force capable de protéger la famille et l'Etat par une lutte au moins défensive.

Nos pères ne furent pas plus inhumains que nous. En cela tout dépend du milieu social et de la misère des temps; si la Chine pratique encore des supplices atroces, c'est qu'elle ignore le luxe qui pervertit l'Europe : pour punir des hommes habitués à une vie pauvre et dure, à un rude climat, il faut des tortures et des supplices cruels. De même pour la guerre, vu qu'elle est le supplice international. Si le bien-être et l'adoucissement des mœurs rendent un jour les hostilités moins sanguinaires, si le droit, mieux aperçu, se pose avec plus de force et d'influence entre les rivaux, on ne souffrira pas moins dans le cas de la défaite. Gardons-nous de croire que l'effusion du sang soit le seul signe de la souffrance et d'une implacable cruauté. L'essentiel de la guerre n'est pas dans les moyens et dans les procédés qu'un peuple emploie suivant le caractère de ses mœurs et le degré de sa civilisation. Les armes homicides produisent un effet immédiat; ce traitement semble barbare; mais en fait il épargne au vaincu un dépérissement successif, douloureux et conscient; il n'est accompagné ni de langueur ni de lente agonie. Il s'accorde même avec notre nature morale la plus élevée, car notre vertu brille dans les opérations militaires et sur le champ de bataille du plus vif éclat; l'homme s'y dévoue noblement et avec conscience au progrès de sa race; il y accepte la mort pour l'honneur et le salut de tous; même vaincu, il reste honorable: *gloria victis*! Les défaites pendant la paix font obscurément mourir de misère sur un grabat. Nous convenons sans doute que plus tard la guerre sera de plus en plus humaine; mais elle sera aussi réelle, aussi pénible, aussi funeste dans la défaite : le vaincu devra toujours se retirer de l'arène, vivre dans l'ombre, voir son existence amoindrie, restreinte, et léguer ensuite à sa postérité cette infériorité soit de corps soit d'esprit.

D'ailleurs nous ne nous représentons pas facilement l'état social qui résulterait d'une pacification universelle des peuples ; l'harmonie naît de la diversité : elle exige l'opposition des sons graves et des sons aigus ; de même dans les sociétés humaines l'opposition des intérêts, des caractères et des ambitions y produit la vie ; sans cette constante alternative d'action et de réaction apparaîtrait une désolante monotonie, une stérile uniformité. La lutte est indispensable à notre existence. Souhaiter la pacification, c'est demander l'abaissement des montagnes au niveau de la plaine ; c'est retrancher de l'âme d'un peuple les désirs d'excellence et de libre action ; combien cette civilisation où tout serait aplani deviendrait vite banale et indigne de notre intérêt ! Un bonheur sans désir équivaudrait pour chacun de nous à une stabilité morne et asphyxiante. De même une paix complète et profonde serait pour les Etats un sommeil éternel.

Aussi est-il fort à craindre que pour longtemps encore ce rêve ne soit une illusion décevante. L'amour donne la vie, mais la guerre la conserve ; elle élimine les faibles ; elle fortifie les caractères et les membres ; elle a créé les races résistantes. Donc pour de longs siècles encore il faudra se contenter du progrès qui résultera de la suppression des batailles et des luttes armées et ce progrès lui-même est encore fort lointain. A la guerre internationale succède aujourd'hui la guerre civile, plus odieuse et plus lâche, sous forme de luttes politiques, de concurrence commerciale et d'exploitation du faible par le fort. Le sang ne coule pas, mais la force vive s'use néanmoins ; et l'homme continue à gémir et sa plainte ne s'achève jamais.

Quand ne porterons-nous plus dans notre cœur le désir d'excellence, origine de tous les orgueils, aiguillon de toutes les fiertés ambitieuses ?

Considérons le passé. Toute race occupe un sol conquis : quel sillon n'a pas bu le sang innocent ? Quelle rivière n'a pas été rougie ? Nos aïeux jadis végétaient dans des villages lacustres ou dans les profondeurs d'antres retirés. Alors partout régnait la terreur ; de partout surgissait l'ennemi, sur la montagne, dans l'obscure forêt comme à travers la vaste étendue d'herbes incultes. Du trou de sa caverne l'homme apercevait des fauves qui cherchaient sa chair, comme lui-même il cherchait la leur Avec des armes grossières, le bâton, la massue, la hache